LES TROIS FERMIERS,

COMÉDIE

EN DEUX ACTES ET EN PROSE.

LES TROIS FERMIERS,

COMÉDIE

EN DEUX ACTES, EN PROSE,

Et mêlée d'Ariettes ;

Représentée pour la premiere fois, par les Comédiens Italiens ordinaires du Roi, le 16 Mai 1777.

Par M. MONVEL.

Mon Fils, ne sois jamais surpris de la vertu.

La jeune Indienne, Comédie
de M. de Chamfort.

Le Prix est de 30 sols.

A PARIS,

Chez VENTE, Libraire des Menus-Plaisirs du Roi
& des Spectacles de Sa Majesté, au bas de la
Montagne Sainte-Geneviève.

M. DCC. LXXVII.

Avec Approbation & Permission.

PERSONNAGES.

M. DE BELVAL. *M. Suin.*

M. LE COMTE D'ALVILLE. *M. Menier.*

MATHURIN DESVIGNES,
  Fermier de M. de Belval. *M. La Ruette.*

JACQUES ET PIERRE Desvignes, ses enfans, tous deux Fermiers de M. de Belval. *M. Nainville. M. Trial.*

ALIX, Femme de Jacques Desvignes. *M^de Moulinghen.*

LOUISE ET BABET Sœurs & filles de Jacques & d'Alix. *M^de Trial. Mlle Beaupré.*

LOUIS DESVIGNES, fils de
  Pierre Desvignes & Prétendu de
  Louise Desvignes sa Cousine *M. Clairval.*

BLAISE, jeune Paysan, Amant de
  Babet Desvignes. *M^de Dugazon.*

GUILLOT, Valet de Ferme de
  Mathurin Desvignes : (*Personnage
muet ainsi que le suivant.*)

UN VALET de Ferme de Jacques.
  Desvignes.

*La Scène est dans l'une des Fermes de M.
  de Belval.*

Q UELQUES perſonnes ont accuſé d'invrai-
ſemblance le fond de ce petit Ouvrage. Elles
ont cru que des payſans ne pouvoient jamais
être aſſez riches, encore moins aſſez généreux
pour ſacrifier cent mille écus au bonheur de ne
point perdre un Maître adoré. Une ſomme auſſi
forte doit étonner, j'en conviens; mais le fait
par lui-même eſt ſi vraiſemblable, que pluſieurs
grands Seigneurs, en ſortant de la première
repréſentation des Trois-Fermiers, racontèrent
hautement des Anecdotes à-peu-près pareilles
dont chacun d'eux ſe faiſoit gloire d'être le
héros. Celle qui ſert de baſe à ma Pièce, eſt
conſacrée dans les Ephémérides du Citoyen,
tome 2, année 1769. Je vais la rapporter, &
l'on jugera des changements que j'ai cru devoir
y faire pour rendre l'action plus théâtrale. « Les
» Fermiers & les Vaſſaux de M. de Kergroadez,
» en Baſſe-Bretagne, ayant appris qu'il vouloit

a

» vendre ſa terre, s'aſſemblèrent, & lui dépu-
» tèrent les principaux d'entre eux, pour le
» prier de ne pas la vendre à des Financiers,
» & pour ſçavoir quelle ſorte de mécontente-
» ment ils pouvoient lui avoir donné. *Mes
amis*, dit le Seigneur attendri, *j'y ſuis forcé
par le dérangement de mes affaires : je ne puis
plus ſoutenir mon état, & il faut que je vende,
pour conſerver du moins à mes enfans, les
débris de ma fortune.* — *Vos enfans*, reprirent
les Vieillards, *ne ſauroient être en meilleures
mains que les nôtres. Nous ſçavons cependant
qu'ils ne ſont pas faits pour nous devoir leur
ſubſiſtance ; il s'agit ſeulement d'établir leur
maiſon ; daignez nous confier vos affaires. A
combien montent vos dettes ? Ce ſont les nôtres
à nous.* — *Votre bonne volonté me perce le cœur*,
leur dit M. de Kergroadez ; *mais je dois cent
mille écus. Mes enfans, il faut que je vous
perde.* « A ces mots, les Députés le remerciè-

» rent & se retirèrent, en lui promettant de
» lui rendre réponse dans peu. Ils revinrent en
» effet, au bout de quelque-temps, lui remirent
» les trois cens mille livres dont il avoit besoin,
» & signèrent avec lui un acte d'arrangement,
» dont la minute subsiste encore. Par cet
» arrangement, ils laissèrent au Seigneur la
» moitié du revenu de sa terre, pour vivre
» selon sa condition, & se remboursèrent de
» leur capital en quarante années, sur une
» portion de leurs redevances. Ensuite pour
» ne pas faire les choses comme des Syndics
» de Direction, ils finirent par le prier d'ac-
» cepter un présent de huit beaux chevaux
» d'attelage, *afin*, dit l'acte, *que la Dame*
» *puisse venir à la Paroisse d'une manière*
» *convenable* «. Le trait m'a paru trop beau
pour n'en pas faire usage. Tout ce qui honore
l'humanité doit plaire à tous les hommes, &
c'est les engager à se rendre estimables, que

leur préfenter ce qui peut les annoblir à leurs propres yeux C'eſt à cette vérité, dont je ſuis convaincu, que je dois ſans doute un ſuccès qui , loin de m'enorgueillir, m'excite à de nouveaux efforts. Puiſſent mes travaux, s'ils ne concluent pas toujours en faveur de mon eſprit, prouver au moins l'honnêteté des vues qui me les aura fait entreprendre!

LES

LES TROIS FERMIERS,
COMÉDIE.

ACTE PREMIER.

Le Théâtre repréſente une Chambre ruſtique, au fond de laquelle eſt une fenêtre fermée par un volet ; deux Portes donnent dans cette Chambre ; où l'on voit un Miroir gothique & pluſieurs Pots de fleurs.

SCENE PREMIERE.
LOUISE, *ſeule.*

(Elle ſort d'un Cabinet , venant de ſe lever dans le déhabillé villageois le plus ſimple, n'ayant rien dans ſes cheveux ; quelqu'unes de ſes boucles même flottent négligemment ſur ſon ſein ; elle marche doucement & va ouvrir le volet ; elle dit enſuite , après avoir regardé par la fenêtre,)

EH mais... i'n'fait preſque pas jour... j'ai cru qu'il étoit au moins huit heures du ma-

A 3

tin... Louis... mon cher Louis... c'eſt toi qui m'éveille com'ça... j'n'ai vu qu'li toute la nuit..... j'n'ai entendu qu'li.... i'm'ſembloit qu'il étoit-là , au ch'vet d'mon lit & qui m'diſoit.... ,, Ma p'tite Couſine , ma p'tite Louiſe , ,, éveille-toi donc.... c'eſt aujourd'hui que ,, j'ſignons not' Contrat d'mariage...... c'eſt ,, d'main qu'on nous marie.

(*Elle s'approche du Miroir pour réparer le déſordre de ſa parure & regarde enſuite à la fenêtre par intervalle.*) ,, D'main à huit heures, j'ſerai ton mari.... ,, d'main tu ſeras ma femme «... & pis i' m'tiroit tout doucement par l'bras & pis i' m'diſoit... faut i dormir com'ça?....... & pis l'cœur em'battoit & v'là que je m'réveillois tout en ſurſaut..... j'étendois la main , mais il n'étoit pas-là.... v'là pourtant comme j'ai paſſé ſte nuit, la nuit d'hier , la nuit d'avant-hier & d'pis un mois toutes les nuits... ah! c'garçon-là & l'ſommeil n'pouvont pas s'arranger enſemble, & i , dit encor que c's'ra bian pis quand je s'rons mariés.

CHANSON.

Faut attendre avec patience
Le jour de d'main, c'eſt un biau jour.
Grande eſt dit-on la différence
Entre el'mariage & l'amour.

Quoi, le Contrat qui nous engage,
Change queuque chofe à not'himeur.
Il fait que j'aimons davantage,
Si j'en juge d'après mon cœur.

Quand Louis me dit, ma Louife
Je t'aime & n'aimerai que toi;
Sans le vouloir, i'faut que j'dife,
Je t'aime cent fois plus que moi :
Il me jure amour éternelle
Et Louis n'eft pas un menteur.
Il me fera toujours fidèle,
Si j'en juge d'après mon cœur.

Queu fujet aurois-je de craindre?
Mon Amant fera mon mari :
Je n'aurai jamais à m'en plaindre,
C'eft l'amour qui me l'a choifi;
Je fuis aimée autant que j'aime ;
Rien n'eft égal à mon bonheur,
Et toujours il fera le même,
Si j'en juge d'après mon cœur.

SCENE II.

LOUISE, BABET.

BABET.

T'es d'jà l'vée, ma sœur?.... me v'là ben attrappée, moi!.. j'croyois bian pour aujour-d'hui ête la pû matineuse ed'la maison.

LOUISE.

Ah! si on t'marioit d'main... tu n'dormirois pas d'un si bon sommeil.

BABET.

Mon tour vien'ra.... laisse-moi faire.... quiens vois-tu.... j'fais tout c'que je peux pour grandir... gnia si long-tems qu'on m'appelle p'tite-fille, qu'ça commence à m'ennuier.... eune fois que j's'rons mariée papa n'me dira pûs; » Tais-toi, tu n'sçais ce que tu » dis, t'es un enfant « : I' n'me l'dira pûs, n'es'pas?

LOUISE.

Oh non sûrement, i' n'oseroit.

BABET.

Et pis je n's'rai plus contrariée...... car, excepté toi, gnia parfonne à la maifon qui faffe es'que je veux.

LOUISE.

Mais c'eft qu'tu n'es pas toujours raifonna-be.

BABET.

Ça s'peut bian... mais raifonnab' ou non, mon mari n'os'ra pas m'dire, comme i'm'difont trétous; » Ça n'fera pas, je n'veux pas, » faites-ci, n'faites pas ça.....« J'ferai c'que j'voudrai & i' faudra bian qu'il en paffe par-là. N'eft-i' pas vrai?

LOUISE.

C'eft felon l'himeur qu'il aura.

BABET.

I' s'ra toujours d'bonne himeur.

LOUISE.

Et qu'en fais-tu?

BABET.

Et parguenne, es' que je n'le connois pas donc?

LOUISE.

Ah, v'là du nouviau ! Tu connois ftilà qui s'ra ton mari ?

BABET.

Es' qui s'roit tems d'y penfer l'jour ed'mon mariage ?

LOUISE.

Et comment s'fait-il que je n'nous en foyons jamais apperçus ?

BABET.

Oh dame, c'eft qu'i 'gnia qu'li & moi dans l'fecret ; ti'v'là bientôt, toi , & j'ti mettrons tout-à-fait pars'que t'as de l'amiquié pour moi, que tu n'voudrois pas faire queuque chofe qui m'déplaifit, & que j'fis bian sûre qu'tu n'diras rien de tout ça à Papa non pûs qu'a Maman.

LOUISE.

Mais i faudra bian à la parfin qu'i'l'fachions.

BABET

Sûrement… Pour que Blaife & moi j'foyons mariés, i'nous faudra bian leur confentement.

LOUISE.

Comment, c'eft Blaife ?

BABET.

Il est bian joli, n'es'pas?

LOUISE.

Mais Babet, i'n'a que seize ans.

BABET.

C'est ben l'tant mieux..... s'il en avoit vingt,
i'n'auroit p'têt'pas la patience d'attendre qu'j'sois
en âge de d'venir sa femme....... au-lieu qu'-
com'ça, vois-tu, i'ns'ra jamais pûs pressé qu'-
moi.

LOUISE.

Et tu es bian sûre qu'i t'aime ed'bonne foi.

BABET.

CHANSON.

Je le compare avec Louis,
Qui pens' toujours comme Louise,
Blaise est de d'même, & quoique j'dise,
Blaise est toujours de mon avis;
Quand on est deux, & quand on s'aime,
C'est bian doux, de penser de d'même,

Ton cher Louis ne voit que toi,
Tout à ses yeux peint ton image
Parmi les filles du Village,
Blaise jamais ne voit que moi.
Quand on est deux & quand on s'aime;
C'est bian doux de se voir de d'même.

Si dans nos jeux s'donne un baiſer,
C'eſt toujours toi qu'Louis embraſſe,
Blaiſe veut toujours mêm'grace,
Et puis-je-ti la lui r'fuſer?
Quand on eſt deux & quand on s'aime
C'eſt bian doux d's'embraſſer de d'même.

LOUISE.

Queux autres preuves es'qu'i't'donne ed'ſa tendreſſe?

BABET.

Queu preuve?.... quiens, quand on n'nous r'garde pas, j'li baille ma main..... l'la baiſe, i'la r'baiſe, i'la ſerre ed'toutes ſes forces & ſtapendant i'n'me fait pas d'mal; quand j's'is ſous la feuillée avec les aut'jeunes filles du village.... Gni en a qu'pour moi à danſer, & toujours avec Blaiſe, je n'ſais comment i'fait, mais c'eſt toujours ſon tour & l'mien, & je n'nous laſſons jamais.... tu m'dis queuquefois;......» Ah » Babet, les belles roſes, les biaux œillets, la » belle violette! Où qu'tu prends donc toujours » d'ſi biaux bouquets? « C'eſt Blaiſe qui m'les donne, tout ça viant d'ſon jardin, c'eſt li qui les cultive, & i'm'dit comme ça que c'eſt qu'depuis qu'i'les cultive pour moi qu'alles dev'nont ſi belles.

LOUISE.

Eh bian, Babet, tout c'que tu m'dis là.....
c'eſt mon hiſtoire avec Louis. ... i'faut qu'Blaiſe
& li ſe r'ſembliont.

BABET.

S'i'ſe r'ſemblont.... oh! j'en ſuis bian ſûre....
c'eſt à cauſe ed'ça qu'j'aime Blaiſe ed'ſi bon
cœur. Gnia ſtapendant eune choſe qui m'brouille
la cervelle.

LOUISE.

Quoi qu'c'eſt?

BABET.

Oh tu vas me le dire toi, qui es déja fiancée?

DUO.

BABET.

Qu'eſt-ce donc que le mariage?

LOUISE.

Je ne le ſais pas plus que toi.

BABET.

Pourquoi ſe cache-t'on de moi,
Quand j'en veux ſavoir davantage?

LOUISE.

En ſe mariant; Maman même,
Oui, Maman dit qu'elle trembla:

Qu'eſt-ce donc que ce moment-là ,
Puiſqu'on y craint ce que l'on aime ?

BABET.

Le mot d'Amant à les entendre ,
Eſt plus joli que'l'mot d'époux ,
Le nom d'Amant ſans doute eſt doux ,
Mais ſt'tilà d'époux eſt bien tendre.

J'ai ſouvent queſtionné Blaiſe là-deſſus, i'n'en
fait pas pus qu'moi… oh n'me l'cache pas , ma
p'tite ſœur.

LOUISE.

Mais attends-donc du moins que j'ſois mariée. Je n'pis pas le d'viner , & ça m'baille auſſi
de l'inquiétude.

BABET.

Es'que tu n'l'as jamais demandé à Louis ?

LOUISE.

Oh ſi fait bian….. Mais pour toute réponſe ,
i', rit, i'm'embraſſe & i'm'dit que je n'ſerons pas
pûtôt mariés qu'j'en ſaurons autant qu'li.

BABET.

Faut donc pren're patience. C'eſt d'main qu'on
te marie, d'main tu s'ras au fait, & tu m'y
mettras, entends-tu ?

SCENE III.

LOUISE, BABET, LOUIS.

LOUIS, *frappant doucement à la porte.*

Gn'ia t'i queuqu'un de l'vé.

LOUISE, *à Babet.*

V'la Louis, le v'là.　　(*Elle va lui ouvrir.*)

BABET.

M'eſt avis qu'i'n'a pas pus dormi qu'toi.

LOUIS.

Quoi, c'eſt toi, ma Louiſe ? C'eſt toi! queu plaiſir de te voir! il eſt toujours nouviau, je n'm'en laſſe pas.

BABET.

Bon jour, mon p'tit Couſin.

LOUIS.

Bonjour, Babet.
(*à Louiſe.*)
Eh bien, qu'es'que t'as donc toi ? tu n'me dis rian.

LOUISE.

J'te r'garde.

LOUIS.

Mais faut auffi m'parler, j'te r'garde itou, & j'vois.... que j'vois c'qu'i'gnia de plus joli pour moi dans l'monde.

LOUISE.

Ah, Louis! c'eft donc d'main.

LOUIS.

Oui, morgué c'eft d'main, & d'bon matin encore. Jarni, fi c'étoit aujourd'hui ça n'en s'roit qu'mieux.

BABET.

Sais-tu bian, mon p'tit Coufin, qu'alle n'a pas farmé l'œil de la nuit, fte pauvre Louife?

LOUIS, *à Louife.*

C'eft-i'vrai?

LOUISE.

Oh vrai! mais j'n'en fis pas fâchée. Je n'men porte pas pus mal.

LOUIS.

Je n'ai ventreguenne pas pus dormi qu'toi, & j'fis éveillé, mais éveillé, tiens r'garde mes yeux.

LOUISE.

LOUISE.

Oh com'i brillont !

LOUIS.

C'eft qu'i'voyont dans les tiens qu'j'étois pour queuque chofe dans c'qui t'empêchoit de r'pofer

LOUISE

I'n' fe trompont pas..... On eft donc toujours com'ça la veille qu'on s'marie ?

LOUIS.

Du moins, c'eft la couteume au village, à caufe, vois-tu, qu'on s'y marie par amour ; mais y difont tretous qu'à la ville, la veille, la furveille, le jour, le lendemain, c'eft tout un ; le Marié, la Mariée font bien tranquiles, car à peine fe connoiffont-ils, auffi gnia-t-il à ces noces-là, de biaux habits, de grands feftins, de la danfe, des violons & pas de plaifir.

LOUISE.

Et pas de plaifir ; oh il y en aura à la nôtre n'es'ce pas Louis ? Gnia pourtant pas pû d'quinze jours que j'étions encore bian chagrins ; & j'l'ons été long-tems.

LOUIS.

On l's'roit à moins..... Pars'qu'j'fis ton Cou-

fin, i'difiont com'ça que je n'pouvions pas êt'
ton Mari.

LOUISE.

Jamais j'n'aurions été ta femme, fi tu n'avois
pris l'parti d'aller à Paris te j'ter aux pieds de
M. d'Belval, d'not' bon Seigneur.

LOUIS.

Quiens n'm'en parle pas..... ça m'touche
trop...... avec queu bonté i'm'a r'çu!.....
comme il eft charitab'..... bienfaifant......
farviab'!.... Je n'li'ons pas putôt conté l'chagrin qu'i'm'défefpéroit, qu'i'm'a dit com'ça.
» Confole toi, mon ami, confole-toi.... gnia
» du r'mède..... j'men charge..... j'vas écrire·
Oùs'qui m'a dit qu'il écriroit?.... à.... à....
Enfin bian loin..... il a écrit..... on l'y a fait
réponfe, & dès l'moment i'nous l'a envoyée
aveuc un pacquet ous'qu'étoit la parmiffion de
marier Louife Defvignes aveuc Louis Defvignes,
tous deux p'tits enfans de Mathurin Defvignes,
Farmier de Monfeigneur le Comte ed'Belval....
& j'ferons mariés d'main, & gni aura pas
morguenne à s'en dédire.

BABET à *Louife.*

Oh que j'fis contente que Blaife en'foit pas
mon Coufin... n'faudra pas tant d'façons.

LOUIS.

Qu'es'que tu dis, Babet?

BABET.

Rian, rian.

LOUISE *à Louis.*

N'es-tu pas bian fâché que not'grand Papa n'puis'pas êtes préfent à nos noces?

LOUIS.

Oui morgué, ça manquera à not'bonheur; mais il eft trop vieux, c'bon Pere, pour faire un voyage d'pû d'vingt lieues. . . . . Drèsque j'ferons mariés, Louife, j'irons l'voir; j'partirons avec ton Père & ta Mère.

LOUISE.

Es'que mon Oncle Piarre ne vien'ra pas avec nous?

LOUIS.

Mon Père? fi fait bian.

BABET.

Et moi donc?

LOUIS.

Et toi itou. . . . . Enfans, p'tits enfans, gni aura pas encore d'arrieres p'tits enfans, mais ça vien'ra, n'tembarraffe pas, j'irons tretous embraffer l'bon Papa. . . . . . . Ah queu joie pour li

d'voir com'ça tout'fa famille autour ed'li ; com'i'va nous baifer, nous careffer ; queu fatisfaction ! I'n'me r'connoîtra pas, moi......
Gnia près d'fix ans qu'i'n'ma vû, j'n'étois qu'un enfant, & j'fis un homme à préfent.

(*Babet va regarder à la fenêtre, & revient dire à Louife, d'un air de myftere :*)

BABET.

Ma fœur, v'la Blaife qu'eft devant not'fenêtre ; n'fais femblant de rian.

LOUIS, *à Louife.*

Quoi qu'a te dit donc fte p'tite folle ?

LOUISE.

J'te conterai ça.
(*Babet fe met à la fenêtre, & pendant le refte de la Scène, elle a l'air de parler à Blaife ; elle gefticule & rit ; Blaife lui jette un bouquet, elle cueille une rofe fur un des pots de fleurs qui font dans la chambre, & la lui jette pour le remercier de fon bouquet.*)

LOUIS.

La v'la à la fenêtre : baille-moi tant feulement un p'tit baifer fans qu'ça paroiffe.

LOUISE.

Tians. (*Louife embraffe Louis.*)

LOUIS.

Ah, Louife!

ARIETTE.

C'eft toi que je vis la premiere,
Dès l'inftant que je vis le jour
Et j'ouvris mon cœur à l'amour,
En ouvrant l'œil à la lumiere.

Queu plaifir quand on fe r'avife,
Ainfi que nous, du tems paffé,
Le premier mot que j'prononçai,
Ce fut le nom de ma Louife.

Je me demandois à moi-même
Pour queu raifon je m'enflàmois ;
Et je fentis que je t'aimois,
En apprenant comment on aime.

LOUISE.

Et moi tout d'même : faut qu'j'aions été faits
l'un pour l'aut', car d'pis que j'fommes nés,
quand l'un d'nous deux a fait eune chofe, ftila
qu'avoit été prev'nu a toujours dit à l'aut', j'y
penfois, j'aurois fait ce que tu vians d'faire.

BABET *toujours à la fenêtre & parlant à Blaife.*

Faut tâcher d'venir avant l'dîner.

B 3

LOUIS, *à Louise.*

A qui guiab'es'qu'à parle-là ?

(*Il va bien doucement regarder par-deſſus l'épaule de Babet, ſans qu'elle s'en apperçoive.*)

BABET *encore à la fenêtre, & continuant de parler*
à Blaise.

Tu ſens ben qu'ſi t'es là, on n's'mettra pas à tab'ſans toi...... Tu din'ras avec nous..... Tu t'mettras à côté d'moi...... J'jaſerons......

(*D'un ton de ſurpriſe & ſans ſe retourner.*)

Où qu'tu vas donc ?

(*Appellant de même.*)

Blaiſe..... Blaiſe.

Blaise eſt ſenſé s'enfuir en appercevant Louis. Babet, toute fâchée de ſa fuite, ſe retourne enfin pour ſavoir quelle en eſt la cauſe, & Louis ſe trouvant alors devant elle, lui dit en riant.)

LOUIS.

Dis-li donc, Babet, de n'pas s'enfuir com'ça, queu guiab', j'n'ons jamais fait peur à parſonne.

BABET.

Oh dame! c'eſt que...... Eh! jarni, cauſez d'vot'côté...... Es'que j'vous dérange moi?... Voyez-le donc un peu....... i'viant s'met'là

com'un épouvantail, & il eſt cauſe equ'Blaiſe
s'en enfui.

LOUIS.

Ah, ah p'tite friponne, je n'm'étonne pas ſi
t'as toujours d'ſi biaux bouquets, & ſi d'pis
queuque tems tu veux avoir l'air ſi raiſonnab'…
J'en ferons compliment au jeune Blaiſe.

LOUISE.

Ils s'aimont de la meyeur'foi du monde…..
Louis, n'faut pas leux faire du chagrin.

LOUIS.

Es'que tu n'me connois pas donc ?…….
(*A Babet.*)
Vas ma p'tite Babet; va, n'crains rian……..
I'gnia rian, morgué, d'ſi naturel que d's'aimer. …..Blaiſe eſt un garçon ſage, ſon Père
eſt riche, ça t'conviant……. Laiſſe v'nir
l'âge, & j'tappuierons, jarniguoi d'tout mon
pouvoir.

BABET, *à Louiſe.*

Ah, ma p'tite ſœur, v'là un homme ça!….
V'là un cœur…….. c'eſt com' ej'diſions, là,
parle des garçons du village……Gnia qu'Blaiſe
qui penſe com'ça.

SCENE IV.

JACQUES, ALIX, LOUISE, BABET, LOUIS.

JACQUES, à *Alix*, en entrant.

J'TE difois bian qu'il étoit ici. J'connoiffons bian fa voix, pt'ête!.....

ALIX.

Il eft d'fi bonne heure.

(*Louife & Babet courent au-devant de leur Mere, & l'embraffent avec tendreffe : Jacques les embraffe enfuite toutes deux, & fait un figne à Louife, comme s'il vouloit lui dire : ah ! je vous prends avec votre amoureux, ce qui la rend un peu honteufe.*)

JACQUES.

Oh l'z'amoureux s'réveillont d'bon matin.... n'es'pas, Louis ?

LOUIS.

Par ma fi, mon Oncle, vous avais bian raifon.

JACQUES.

Ton oncle....... ton oncle...... J'fis ton

Père à préfent ; t'époufe ma fille , ma Louife ,
ma bian aimée........

(*à Babet.*)

Non pas pû qu'toi , Babet....... J'vous aimons autant l'une que l'aut'.

(*à Louis*)

T'es mon Gendre , t'es mon fils, appelle moi
ton Père.

LOUIS *l'embraffant.*

Mon Père !

ALIX.

Eh moi donc ! es'que j'n'fis rian?........

(*à Jacques.*)

Es'que tu n'es pas mon mari ? E'sque ton
Frère n'es pas mon Frère ?

(*montrant Louis.*)

Es'qu'i n'es pas itou mon Neveu , mon Gendre & pis mon Fils?...... Es'que je l'aimons
moins qu'toi ?

LOUIS *l'embraffant auffi.*

Non, Maman , Non ,

(*à Jacques.*)

Vous, Papa , mon Père....

(*aux deux fœurs.*)

Louife , Babet, je vous aime tretous à qui
mieux , mieux.

JACQUES.

Et tu fais bian, mais jarniguoi c'eſt aujour-
d'hui qu'not Seigneur arrive; c'eſt aujourd'hui
que j'r'nouvelons nos Baux.

(*à Louiſe.*)

C'eſt aujourd'hui que j'ſignons ton contrat
d'Mariage, Louiſe...... Et c'eſt d'main.....

LOUIS, *ſautant de joie.*

Qu'on nous marie.

JACQUES.

Et mon Frère, ous'donc qu'il eſt?

ALIX.

Dans ſon lit, j'gage..... i'n'a pas com'nous
martel en tête..... V'là s'que c'eſt qu'd'avoir
un garçon....... On vous marie ça & va
com'ej'te meine...... Gnia pas d'trouſſeau.....
Gnia pas d'brinborions...... Gnia pas un tas
d'affutiaux qui n'finiſſont pas........auſſi il eſt
bian tranquille; & moi gnia pûs d'trois ſemai-
nes que j'travaille, que j'cous, que je m'donne
un mal...... Enfin, ça finira...... I'dort li....
& d'pis trois heures du matin j'ſis à tracaſſer;
j'ſonge à ci, j'ſonge à ça..... L'fin mouchoir
ed'mouſſeline d'un côté, le p'tit bouquet d'fleur
d'orange ed'l'aut', les gans, le tablier, les bas

d'foie..... Gnia d'quoi en d'venir folle......
(*montrant Babet.*)

Et en v'là encore une..... Dans deux ans ce
s'ra le même tintoin. Faudra r'commencer
com' fi j'n'avions rian fait.

B A B E T.

Ma mère, débarraffez-vous d'ça l'pûs vîte
que vous pourrais.

A L I X.

Parguenne, faut s'dépêcher.

J A C Q U E S.

Allons, ma pauvre Alix; allons n'te fâche
pas. T'as d'la peine faut en convenir.........
Mais j'ons eû not'tour... I'faut bian qu'i'z'ay ont
l'leur..... T'fouvians-tu encore du jour ed'not'
mariage.

A L I X.

Si j'm'en fouvians? Tredame, n'en diroit à
t'entendre que j'nous fommes mariés du tems
de Charlemagne...... Louife n'a qu'feize ans,
j'n'en avois qu'dix-fept quand j'quittai mon nom
pour pren're el'tien : c'eft ma première, gni
avoit pas un an qu'j'etions mari & femme quand
alle eft v'nue au monde. Ainfi, tout compté,
tout rabattu, gnia dix-fept ans que j'fommes

mariés, mettez par ed'fus les dix-fept ans que j'avois étant fille, ça n'en vaut en tout que trente-quatre; & à trente-quatre ans, on n'a pas perdu la mémoire, ou faut bian du malheur.

JACQUES.

Eh ventregué; je n'dis pas ça pour te met'en colère. T'es eune bonne femme, un peu vive; mais 'tas bon cœur. T'en vaut bian encore eune aut', & j'fais ça; & c'est s'qui fait que je m'fou-vians, aveuc tant de plaifir, du jour où j'nous époufimes.

ARIETTE.

Le bon Seigneur de not'village,
A ma noce lui-même il fervit de témoin!
   Pour fes propres enfans je gage
   Qu'il n'aura jamais plus de foin.

J'avons encore dans l'Oreille
De nos cloches le carillon:
Trétoutes fefiant din don don,
Alles fonniont qu'c'étoit merveille,
Et pis après la p'tite chanfon
Qu'alles jouyont en carillon.

Et le foir comme je danfammes
Tout à l'entour du grand Ormiau;
Com'ej'faifions fauter les femmes,
Com'i'couloit le vin nouviau!

Tout à l'entour du grand Ormiau,
Com'ej'bumes & que je danſâmes!

LOUISE.

Oh j'dans'rons itou com'ça d'main.

LOUIS.

Oh jarnigoi , tu peux ête ſûre ed'ça.

***

SCENE V.

JACQUES, ALIX, PIERRE, LOUISE, BABET, LOUIS.

BABET.

V'LA mon Onc'!.... le v'là.

PIERRE.

Et oui, morgué , me v'là...... v'z'êtes bian tranquilles , vous aut' , vous vous gobargez d'ça...... vous m'laiſſez tout' la peine.

ALIX.

Qu'es'qui dit donc? la peine...... Eh bian v'là qu'eſt bon...... C'eſt li qu'a la peine à préſent..... Ah pargué j'aime ben ça!....Qu'es' qu'a tout arrangé pour el'mariage?..... Le repas, les bouquets, les ribans? Qu'es'qui a eu foin d'tout ce qu'i'falloit à la mariée ?.... Ah fi gni avoit pas d'Alix dans l'monde, v'là un mariage qu'auroit eune belle tournure.

PIERRE.

Qu'es'qu'apaffé cheux l'Bailli, cheux l'Tabellion ? Qu'es'qu'a été avertir les Menétriers, qu'a raffemblé tous les payfans du village & ceux-là des environs ? N'faut - i'pas aller aud'vant d'Monfeigneur..... ignia pas d'mariage qui quienne, on n'peut pas manquer à ça .... c'eft aujourd'hui qu'il arrive, M. de Belval, i', s'ra ici à dix heures du matin..... faut qu'j'allions à fa rencontre .... qu'es'qui diroit s'bon maît' qui nous aime com' fes enfans, s'il arrivoit dans l'av'nue & que j'e n'fuffions pas là pour li crier *vivat* ?... farpegué, ça s'roit joli... j'nous ferions bian d'l'honneur.... j'aurions eune belle réputation d'amiquié & de reconnaiffance.

JACQUES.

Eh bian, morgué, allais-vous vous quereller ? Vous vous êtes donné tous les deux bian du mal... gnia qu'moi qui fis refté les bras croifés & qui vous ai r'gardé faire... mais jarni j'fis ton aîné Piarrot.... j'fis pûs vieux qu'toi ; faut qu't'agiffe, & moi qu'je me r'pofe... d'la joie, ven-

tregué d'la joie.... j'nons pas d'himeur, moi ;
j'nen veux morgué voir à parſonne.

PIERRE.

J's'rais bian mari d'en avoir, j'répons à not'
ſœur qui m'parle toujours doucement com' à
ſon ordinaire.

ALIX.

ARIETTE.

Hein ? quoi ? que veux-tu dire ?
Je parle tout ainſi que j'peux.
Plait-il ? qu'es' ? t'auras beau rire,
Je veux parler ; oui je le veux,
Ça te déplaît, c'eſt bian fâcheux,
M'en empêcher, je ſerions deux ;

Je parle tout ainſi que j'peux,
Et j'veux parler, oui je le veux.
   A mon âge,
Es' que tu crois m'en impoſer ?
   Je ſuis ſage,
Et mon défaut n'eſt pas de trop jaſer.

J'ſais c'qui faut dire & c'qui faut taire,
  Ma langue ne va point le galop ;
Je n'fais jamais que c'qui faut faire :
Je parle bian, & n'parle jamais trop.

J'ai plus d'eſprit que tous tant que vous êtes,
J'paile raiſon, je vous le prouverai,
C'eſt pour parler que les femmes ſont faites ;
   Ainſi je parlerai
   Tant que j'vivrai.

PIERRE.

Eh bian, morgué ; parlez, parlez, parlez.

ALIX.

I'ne m'plaît plus, moi, j'veux me taire à préfent.

JACQUES.

Ah fi not' pauvre pere étoit ici .... com'i'
vous mettroit bientôt d'accord !

ALIX.

Ton pere ! i'vaut mieux qu'toi.... qu'eu dom-
mage que la vieilleffe l'empêche de fe trouver
ici !.... l'pauvre Mathurin Defvignes !.... quand
il a r'çu ta lettre, Piarrot ; & ftella qu'mon mari
li a écrite quand il a vû qu'fa p'tite Louife
es'marie avec Louis fon p'tit-fils, j'gage qu'ça
la rajeûni d'pûs d'vingt ans ; & ça n'li fera pas
d'tort dà, car ignia long-tems qu'i m'a dit pour
la premiere fois qu'il étoit d'fix cens quatre-
vingt-onze ; auffi c'eft un homme qui a vu,
qu'a d'l'expérience ; c'n'eft pas un étourdi com'
vous aut' ; ça n'tourne pas à tout vent, com'
la girouette qu'eft au-deffus du château..... ça
raifonne & ça fait pourquoi..... ni toi Piarre
ni toi Jacques, ni Louis, ni Louife, ni Babet ;
vous n'nous vaudrez jamais lui & moi quand
vous vivriais cent mille ans.

JACQUES.

JACQUES.

T'as raifon , not'minagere ; v'là parler ça ;
v'là eune bonne tête , eune femme qui a d'l'en-
tendement , eune femme qui raifonne !.....
Qu'es'qu'tas dit ?

ALIX.

Oh ! j'fais bian qu'aveuc vous c'eft peine par-
due que d'parler raifon.... auffi je n'dis jamais
rian : je m'contente ed'penfer..... (*à Babet qui
fourit.*) Queuqu't'as à rire toi ?.... D'quoiqu'tu
ris ?.... Va-t'en là dedans voir fi j'y fuis.... Ah !
j'te ferai rire quand j'parle.

BABET.

Mais ma mere ; j'caufe avec Louis ; je n'vous
accoute feulement pas.

ALIX.

Va-t'en là dedans.... je t'apprendrai à n'pas
m'écouter.

PIERRE *à Babet.*

Va-t'en Babet...... ça va l'ipaffer.......
(Babet fort.)

C

SCENE VI.

JACQUES, ALIX, PIERRE, LOUISE, LOUIS.

JACQUES *à Pierre*.

AH ça , mon frere..... j'crois qu'il eft biantôt temps d'décamper.

(*Il tire une groffe mantre d'argent.*)

Vl'à huit heures & demie.

LOUIS.

M. d'Belval n'arrivera qu'à dix heures , ptête à onze ; vers les neuf heures , i's'ra tems de partir..... tu vians aveuc nous, Louife ?

LOUISE.

Si maman l'veut.

ALIX.

Tredame, ça m'paroît jufte..... es'que j'fis ridicule donc ?..... faut bian qu'jeuneffe s'amufe, & pis.... Monfeigneur.....

JACQUES.

Ecoute not' femme, c'eft que j'veux que

Pierre fache eune çartaine idée qui m'eft venuë
& que t'approuveras j'en fuis fûr.

PIERRE.

Queuqu'c'eft ?

JACQUES.

Faut que j'prions Monfeigneur d'fourer fon
nom, en magniere ed'fignature au contrat d'mariage d'nos deux enfans..... qu'en dis-tu ?

PIERRE.

Par ma fi, t'as-là eune bonne idée !.... T'as
raifon, faut que j'l'en prions.

LOUIS.

I'n'nous le r'fufera pas..... il eft fi bon....

LOUISE.

Si bienfaifant.

ALIX.

Le r'fufer.... I'n'aura garde.... es'que fon
pere n'a pas figné itou not'contrat d'mariage
à nous.

SCENE VII.

JACQUES, ALIX, PIERRE, LOUISE, LOUIS, BABET.

BABET *accourant toute essoufflée.*

MA mere, mon papa, mon onc', eh v'nez,
v'nez tretous, il est là, le v'là, il arrive.

TOUS.

M. d'Belval?

BABET.

Eh non, non ; d'sus eune p'tite cariolle, i
m'a reconnu, le v'là, i' descend.

TOUS.

Qui donc? qui?

BABET.

Mon grand papa, mon grand papa.

PIERRE & JACQUES.

Mon pere?

ALIX.

Mathurin Desvignes?

LOUISE & LOUIS.

Not' bon papa.

TOUS.

Ah courons, courons.

SCENE VIII.

MATHURIN, JACQUES, ALIX, PIERRE, LOUISE, LOUIS, BABET, GUILLOT, UN VALET *de Ferme de Jacques.*

MATHURIN *soutenu par le valet & par Guillot qui est en guêtres & en voyageur.*

Bon jour; enfans, bon jour.

PIERRE & JACQUES.

Quoi vous v'là, papa ? vous v'là ?

LOUISE & BABET.

Quoi c'est vous, vous v'nez nous voir ?

LOUIS.

Mon bon papa ! qu'eu bonté à vous !

ALIX.

Soyais l'bian v'nu, pere Mathurin.

(*Ils parlent tous à la fois & entourent le vieillard, le font asseoir, l'embrassent, le caressent ; il ne sait auquel entendre, & les serre tour à tour dans ses bras, en pleurant de joie.*)

MATHURIN.

Mes enfans, mes enfans..... vous n'm'at-
tendiais pas..... ftapendant me v'là....
(*à Jacques.*)

Bon jour, Jacquot.
(*à Pierre.*)

Comment t'porte-tu, cadet ?
(*à Louife.*)

Et toi ma fille ?

JACQUES & ALIX.

A merveille, mon pere ; à merveille.

MATHURIN.

Viens ma Louife, viens ma p'tite Babet...
Baifez-moi toutes deux, encor. Com'alles font
jolies.... & grandies.
(*cherchant des yeux.*)

Et Louis.... ous'qu'il eft mon p'tit Louis? ....
gnia fix ans qu'je n'lai vu.

LOUIS.

Me v'là, papa.

MATHURIN.

Quoi !..... c'eft-là ?..... quoi !..... c'grand
garçon..... embraffe-moi, mon enfant.
(*après l'avoir baifc.*)

Mon Dieu, qui le r'connoîtroit ? .... il étoit

haut com'ça .... mais vians donc que j'te r'garde......

(*le montrant à Jacques.*)

Jacquot, ça fait un gas bian tourné dà....

(*à Pierre.*)

Plus j'l'examine..... eh oui, morgué.... Piarrot, tu m'as vu plus jeune que j'fis : dis.... n'trouve-tu pas qu'il a queuque chose ed'mon air..... j'crois qu'i'me r'semb'.

P I E R R E.

C'eft ventregué tout' vot' pourtraiture.

M A T H U R I N *d'un air fatisfait.*

Je ne m'fis donc pas trompé.

J A C Q U E S.

Mais, mon pere ; à vot' âge, vous avais encor la bonté d'nous v'nir voir.

M A T H U R I N.

Comment à mon âge!... Quand on a comme moi, toute fa raifon, bonne fanté, & l'cœur gai ; m'eft avis qu'on eft toujours jeune.

A L I X.

Eh non, à l'z'entendre, i'femb'qu'on ait cent ans. Eft-ce qui'n'me parlont pas déja de mon âge, à moi. C'eft tout fimp', on n'eft pas cune bête, on raifonne ; on a vu, on s'fouviant d'loin ; & n'en faut pas davantage à d'z'ahuris

com'ça, pour qu'i vous traitions d'vieille rado-
teufe.

MATHURIN.

Courage, mon Alix, courage ; m'eſt avis
qu'tu n'es pas changée. Toujours un peu ma-
leigne.

JACQUES.

Ça n'fait qu'croître & embellir.

PIERRE.

N'faut pas dire ça.... alle s'eſt corrigée....
a' parle biaucoup encore, mais a n'ſe met plus
en colere que cinq ou ſix fois par jour.

ALIX.

Oh t'es eune bonne piece, toi ; & ſi j'diſions....

JACQUES.

Et morgué, n'dis pas.... je n'devons ſonger
qu'à nous réjouir.... v'là not' pere, not' bon
pere.....

(*à Mathurin.*)

J'crois quaſiment qu'c'eſt un ſonge d'vous
voir là.

MATHURIN.

Comment jarnigoi, tu marie ma fille, ma
Louiſe, ma filleule ; tu la marie avec mon p'tit

Louis & je n'vien'rai pas à leurs noces? Je n'pis plus guère marcher, c'eſt vrai : aut'fois j'ſerois v'nu d'mon pied léger danſer l'rigaudon aveuc vous ; mais au défaut d'ça j'ai dit à Guillot : » Guillot, on s'marie l'à-bas i'n'm'attendont » pas, faut les ſurprendre, attelle les deux » meyeurs chevaux d'nos charrues à ſte p'tite » Cariole que Monſeigneur a laiſſé dans not' » farme : va, mon garçon, va. I'n'ſe l'eſt pas fait dire deux fois : ça vous a été bâclé en un clin d'œil, j'ſis monté bravement dans la voiture, Guillot s'eſt campé à califourchon ſur not'groſſe jument : allons, fouette cocher, & me v'là.

LOUIS.

Eh ben, tenez, ſans ça il auroit manqué queuque choſe à not'bonheur..... Pas vrai, Louiſe?

LOUISE *à Mathurin*.

Oui, mon bon Papa.... V'là not'plaiſir tout fin dret, comme je l'deſirions.

BABET *à Mathurin*.

Mon bon Papa, viendrais-vous avec nous au devant de M. d'Belval ?

MATHURIN

Es'qu'il arrive aujourd'hui?

ALIX.

Comment, vous ne l'favais pas ? Et mais oui sans doute. C'est aujourd'hui.... tout l'village est en l'air, j'sommes tretous d'eune gaité, d'eune satisfaction...... C'est que j'avons tant de joie de r'voir not'bon Seigneur, M. d'Belval, not'Père à tretous.....

JACQUES.

Ecoute not'femme.... J'avons grand plaisir à t'entendre, mais tu nous conteras tout-ça d'main, car j'crois que ça doit êt'long, & v'là l'heure qui s'approche.

ALIX.

Eh bian oui.... à la bonne heure, d'main, d'main.

MATHURIN.

Oui, ma pauvre Alix, oui.... Mais mes enfans..... Vous allez au-devant de M. d'Belval.... j'l'aime autant qu'vous, & sarpejeu i'm'feroit grand plaisir de l'voir aussi-tôt que vous.... Mais gnia bien loin d'ici au Châtiau.... Et ste cariolle m'a fatigué que je n'pis presque pûs me r'muer.

JACQUES.

J'vous porterons, morgué. J'ons tretous été

dans vos bras, faut bien qu'a vot' tour vous foyais dans les not'.

LOUIS *à Mathurin.*

C'eft moi q'ça r'garde, j'fis jeune, j'ai d'la force & j'vous porterai moi ; j'men charge.

PIERRE.

Ventregué, j'voulons tretous not' part d'ce fardeau-là.

LOUISE.

J'vous aiderai de ce que j'pourrai.

ALIX.

Et moi auffi.

BABET *à Mathurin.*

Et moi auffi, Papa.

TOUS.

Ce bon Pere, ce cher Pere.

Tous enfemble.

MATHURIN.

Mes Enfans..... Mes bon Amis..... vous me faites pleurer de joie.

SCENE IX.

MATHURIN, JACQUES, ALIX, PIERRE, LOUISE, LOUIS, BABET, BLAISE, GUILLOT, UN VALET.

BLAISE.

M. Jacques, M. Pierre...... v'là l'valet de
d'chambre de M. d'Belval qui viant d'arriver.

JACQUES.

M. Comtois?....

BLAISE.

M. Comtois li même...... I'dit com'ça que
dans une heure M. d'Belval sera ici..... & qu'il
arrive aveuc un Monsieur qu'il amène ed'Paris.
(*à demi voix.*)

Bonjour Babet.

BABET, *sans se remuer, & sans regarder Blaise.*

On nous r'garde.

JACQUES.

Allons, jarnigoi, partons.

MATHURIN, *à Pierre.*

Quoi, qu'c'eſt que c'jeune Garçon-là, Piarrot?

PIERRE.

C'eſt l'fils au Gros de l'Orme.... un p'tit gail-
lard qu'a pûs d'malice qu'i n'eſt gros.

MATHURIN.

Il eſt joli..... c'eſt vrai, i'm'a l'air ben éveillé.

JACQUES, *à Alix.*

Not' minagère, & le dîner?....

ALIX.

Il eſt tout prêt...... Des précautions.......
c'eſt bian moi qui en manque.

BLAISE *à Babet en la pouſſant du coude, lui
parlant à voix baſſe, & ſans la regarder.*

Si parſonne ne m'dit rian, faudra que j'aille
dîner cheux nous.

BABET, *à Louiſe de même.*

Louiſe, fait enſorte que Blaiſe dîne ici.

LOUISE, *à Louis de même.*

Dis un mot pour que Blaiſe reſte avec nous
à dîner.

LOUIS, *bien gaiement.*

Ah ça, tous tant qu'nous v'là j'dînerons en-
semb' j'espère.....

MATHURIN.

Et j'boirons d'bon courage......

LOUIS.

Parguenne j'veux voir si l'p'tit Blaise a l'vin
gai...... je l'griserons.

BLAISE, *en sautant de joie.*

Bon, me v'là prié.

PIERRE, *tirant sa montre.*

Allons, mes amis....... neuf heures vien-
nent de sonner.

JACQUES.

AIR.

J'allons revoir
Le bon Seigneur de not'village ;
Quel doux espoir !
J'allons li porter not'hommage.

VAUDEVILLE.

Premier Couplet.

JACQUES.

Je n'li frons pas ed'compliment,
J'n'entendons rian au biau langage :
Mais sarpejeu, le sentiment
Parl'toujours bian même au village.

Deuxieme Couplet.

PIERRE.

C'tribut n'a rian que de flateur,
C'est d'lamiquié fincere & tendre :
Il le r'cevra d'auffi bon cœur
Que j'en mettrons à le lui rendre.

Troifieme Couplet.

LOUIS.

J'allons revoir ce bon Seigneur,
Ce digne objet de not'tendreffe ;
Et pour achever mon bonheur,
Demain j'époufe ma maitreffe.

Quatrieme Couplet.

LOUISE.

Monfeigneur arriv'ce matin,
Louis quel plaifir est le nôtre !
Et je nous époufons demain...
Un bonheur ne va pas fans l'autre.

Cinquieme Couplet.

ALIX.

Quand i's'ra-là, je le varrons,
Je li dirons.... faudra m'entendre,
Je n'fais pas ce que j'li dirons :
Mais ce s'ra queuqu'chofe de bian tendre.

Sixieme Couplet.

MATHURIN.

Je n'fens plus rian de fte froideur,
Que maugré-nous ameine la vieilleffe,

Voir mes enfans a ranimé mon cœur.
Le plaifir me rend ma jeuneffe.

Septieme Couplet.

B A B E T.

Quel plaifir de voir Monfeigneur
Et mon p'tit Blaife
Tout à mon aife.
Hélas! j'aimons de fi bon cœur,
Ce bon Seigneur
Et mon p'tit Blaife.

Huitieme & dernier Couplet.

B L A I S E.

Comme j'allons crier d'bon cœur,
Viv'Monfeigneur & Babet qu'jaime!
Car pour Babet, pour Monfeigneur,
J'ons morguenne un amour extrême.

Fin du premier Acte.

On baiffe la toile pendant l'Entr'Acte, quoique la décoration foit la même au fecond qu'au premier; pour donner aux Acteurs qui commencent le fecond, la facilité de faire apporter au milieu du Théâtre la table toute fervie & de s'y placer, comme ils doivent l'être lorfqu'on relève le rideau.

A C T E

ACTE SECOND.

Le Théâtre repréſente la même Chambre qu'au précédent ; on voit au milieu de la Scène une table toute ſervie, à l'entour de laquelle ſont aſſis Alix, Mathurin, Pierre, Louiſe, Louis & Blaiſe ; la place de Jacques eſt vuide, entre Mathurin & Pierre.

SCENE PREMIERE.

ALIX, MATHURIN, PIERRE, LOUISE, LOUIS, BLAISE.

MATHURIN.

EH bian, jarnigoi, quand j'vous ai dit que j'n'avois rian perdu d'mon appetit, vous ai-je

D

trompé ? J'crois que j'fais encore bonne figure à table.

PIERRE.

Auffi à moins qu'Jacques ne s'dépêche i'n'trouv'ra pûs rian.

MATHURIN.

Je n'voulois pas m'mett' à tab' fans li, moi.... Mais ce qu'eune femme a dans la tête......

ALIX.

I'm'la r'commandé encore eune fois......... quand Monfeigneur li a dit : » Jacques, monte » avec moi au Châtiau, j'ai à te parler mon » ami «. J'étions là, j'écoutions, parce que faut tout favoir ; & Jacques m'a dit : » Retorne au » logis, not'femme ; mettez-vous tretous à tab' : » faites com' fi j'y étois...... mangez toujours » en m'attendant, Monfeigneur ne m'requien- » dra p'têt' pas long-tems, & queuqu'avances » qu'vous ayez pris, j'vous aurons bientôt rat- » trappé «. V'là fes prop' paroles, j'les ont re- tenu mot pour mot ; & quand j'dis faut faire ça, c'eft que j fais......

MATHURIN.

C'qu'eft fur ton affiette refroidit, ma fille ; mange, mange.......

(*cherchant des yeux.*)

Mais oùs'qu'est donc ma p'tite Babet?

LOUIS.

C'est vrai.

(*à Louise.*)

Où est donc ta sœur?

LOUISE, *appellant.*

Babet.

ALIX.

Ste p'tite étourdie, oùs'qu'alle est fourée à présent?..... All'est r'venue stapendant; Blaise l'i donnoit l'bras.....

(*Elle appelle.*)

Babet.

(*Elle continue de parler.*)

Au moment de s'met' à tab'......

(*Elle appelle,*)

Babet.

(*Elle continue de parler.*)

A st'âge-là on a pourtant bon appétit.

(*Elle appelle.*)

Babet.

(*Elle continue de parler.*)

C'est si jeune, ça a la tête si folle........ Ça n'fait jamais ce que ça fait......

(*Elle appelle.*)

Babet.

SCENE II.

ALIX, MATHURIN, PIERRE,
LOUISE, LOUIS, BLAISE,
BABET.

BABET.

ME v'là, ma Mère.

ALIX.

Oùs'qu'vous étiez donc fourrée, p'tite fille?

BABET.

J'ons été prendre c'qu'étoit dans la Cariolle
à mon bon Papa, & j'l'ons porté dans la chambre oùs'qu'i couche es'soir.

MATHURIN.

Guillot auroit fait ste besogne-là, mon enfant, n'falloit pas t'en donner la peine. Quian…
J'vas te sarvir……. ste pauv'p'tite, comme ça
vous a d'z'attentions!

(*Babet va s'appuyer sur le dos de la chaise, réservée
pour Jacques.*)

ALIX.

Mam'selle, s'te chaise-là est celle ed'vot'Père.

BABET.

Maman, j'nai pas envie d'm'y mettre.

BLAISE, *avec empreſſement.*

Mam'ſelle Babet, v'là eune place à côté de
moi.

LOUIS, *bas à Louiſe.*

L'entendent-ils?

BABET *bas à Blaiſe ſans le regarder; & ſe
mettant à table à côté de lui.*

Si j'm'étions mis à tab' aveuc les aut', j'n'aurions p'têt pas pû êt à côté d'toi.

BLAISE, *bas à Babet, & ſans la regarder.*

Oh j'ons bian vû qu't'étois ſortie par exprès.

ALIX, *à Babet.*

On n'eſt pas à tab' pour jaſer, p'tite fille.....
Primo, d'abord i' faut manger.
(*Mathurin ſert Babet qui le remercie d'un geſte.*

Es'que j'cauſe, moi?.... vous parl'rez d'main.
(*à Mathurin.*)

Enfin donc pour en r'venir à ce qu'j'voulois
vous dire............. N'a'vous pas trouvé que
M. d'Belval n'avoit pas l'air ſi gai que d'couteume?..... J'l'ions cru voir queuqu'choſe de
triſte dans la phiſionomie.

MATHURIN.

J'pleurois d'plaiſir quand j'ons tant ſeulement
apparçu ſa chaiſe, j'n'ons pas vû ſon viſage.

LOUIS, *à Pierre.*

Et li, mon Père ; es'qui n'pleuroit pas itou ?...
Mais c'étoit d'joie, i'r'voyoit ses enfans, c'étoit
tout simp'.... & c'est ste marque d'bonne amiquié qu'ma Tante a pris pour d'la tristesse.

ALIX.

Tant mieux, si je m'sis trompée..... & encore
eune fois, tant mieux..... car j'l'aime c'bon
M. d'Belval..... c'est un si brave homme !....
à sa santé.

MATHURIN.

T'as-là eune bian bonne pensée, not' fille....
à sa santé.

> TOUS. *Blaise se lève comme un étourdi,*
> *choque avec tout le monde, & quand il en*
> *est à Babet, ils se font de petits signes d'in-*
> *telligence.*

Allons, à sa santé.
(*Ils boivent.*)

MATHURIN *remettant son verre & observant* Blaise.

Je m'trompe bian fort, ou queuque jour ce
p'tit gas-là en vaudra bian un aut'.

BLAISE, *bas à Babet.*

Oh ! j't'en réponds, Babet.

BABET, *bas & en souriant.*

J'varrons ça.

MATHURIN.

Oh ça, mes enfans, dans mon jeune tems, on chantoit toujours à table. Es'que nous ne dirons pas queuque drôlerie....

Il chante.

Laire-là, laire lan laire, laire-là, laire lan là.....
N'en falloit pas davantage pour mettre tout l'monde en train.

BLAISE.

J'fais ben eune chanson, M. Mathurin, j'la dirai si vous voulez.... Mais.... c'est que..... je n'puis pas la chanter tout seul....
(*à Babet.*)
Vous la savez, Mam'selle Babet.

BABET.

Es'que j'sis fille à vous laisser dans l'embarras, M. Blaise?... J'vons commencer, & si j'fons mal, vous m'r'prendrez.

BLAISE.

Oh Mam'selle vous n'pouvez rian faire d'mal, & encore moins ça qu'aut'chose.

D 4

VAUDEVILLE.

Premier Couplet.

B A B E T.

Colette un jour dit à Colin,
» Dis-moi donc pourquoi je soupire ?
» C'est comme un feu qu'est dans mon sein ?
» Ne'sais-tu pas, ce'q'ça veut dire ? «
    Quand je te vois.

B L A I S E.

    Qui, moi ?

B A B E T.

        Oui, toi.

Je veux parler & je reste muette.

B L A I S E.

J'en éprouve autant sur ma foi.
Et je ne m'en plains pas Colette.

Deuxieme Couplet.

B A B E T.

Je crains, hélas qu'ce n'soit queuq'tour
Qu'on nous ait joué par magie.

B L A I S E.

J'croirai plutôt que c'est d'l'amour.

B A B E T.

Tu l'as deviné, je l'parie.

B L A I S E.

Qu'en dirois-tu ?

B A B E T.

Qui, moi ?

B L A I S E.

Oui, toi.

B A B E T.

Colin, à ça je n'vois rien qui m'déplaife.

B L A I S E.

Ça m'fait tant plaifir fur ma foi,
Que d'en parler me rend bien-aife.

Troifieme Couplet.

C'étoit d'amour l'défir naiffant,
Qui caufoit leur peine fecrette.
Pour mieux l'favoir, à chaque inftant,
Colin répétoit à Colette :
Qu'en penfe-tu ?

B A B E T.

Qui, moi ?

B L A I S E.

Oui, toi,

B A B E T.

Eh mais, Colin, près d'l'objet qu'on adore,
Le mal eft bien doux fur ma foi.

B L A I S E.

Le Remède eft plus doux encore.

M A T H U R I N.

Ste p'tite Babet !.... comme all'vous chante

ça!.... N'en diroit, jarnigoi..... Enfin....
(*à Babet.*)

Prends garde à ce jeune drôle-là. ... I'te r'gardoit avec des yeux. ...

A L I X.

Oh ! i'n'valons pas mieux l'un que l'autre.

P I E R R E.

Et le p'tit brin d'amour, cher Pere ? est-ce
que vous croyais que j'vous en tenons quitte ?

M A T H U R I N.

Ah , ah ! le p'tit brin d'amour.

T O U S.

Oui , le p'tit brin d'amour.

M A T H U R I N.

Je l'veux bian, mes Enfans ; mais vous ferez
chorus.

A L I X.

Oui , oui j'ferons chorus en attendant que
not'homme r'vienne.

M A T U R I N.

C H A N S O N.

Sans un p'tit brin d'amour,
On s'ennuieroit même à la Cour ;
Gnia pas , sans lui d'biau séjour ,
De bell'nuit , ni d'biau jour.

LE CHŒUR REPREND.

MATHURIN.

L'amour fait tout, c'eſt lui qui d'violettes,
   Fleurit nos prés au verd Printems,
Lui ſeul inſtruit & linots & fauvettes,
   A v'nir peupler nos bois naiſſans.

TOUS.

Sans un p'tit, &c.

MATHURIN.

L'amour fait tout, il reverdit l'herbette,
   Où vont danſer nos jeun'z'Amans.
Lui ſeul parlant au cœur d'une fillette,
   Lui dit tout bas qu'elle a quinze ans.

TOUS.

Sans un p'tit, &c.

MATHURIN.

L'amour fait tout, c'eſt lui qui d'la jeuneſſe,
   Fait le bien, l'plaiſir, les agrémens,
Lui ſeul apprend que mêm'dans la vieilleſſe
   Il eſt encor d'heureux momens.

TOUS.

Sans un p'tit, &c.

MATHURIN *en montrant Louis & Louiſe.*

Allons, ventrebille, à la ſanté de nos deux
jeunes gens.... On n'en a jamais trop quand
on s'marie, à leur ſanté.

TOUS.

A leur santé.

MATHURIN.

Ah, ma foi, v'là Jacquot qui viant la porter aveuc nous.

SCENE III.

JACQUES, ALIX, MATHURIN, PIERRE, LOUISE, BABET, LOUIS, BLAISE.

MATHURIN.

J'T'ATTENDONS commodément, com'tu vois l'verre à la main.

ALIX.

Vians not'homme.... Vian t'mett'à ta place.. .... Tu dois avoir bon appétit, j'vas t'sarvir.

JACQUES.

Ah ! j'n'ons pûs ni faim, ni soif.

MATHURIN *reculant sa chaise.*

Quequ't'as donc ?

PIERRE *se levant de table.*

Qu'es'qui t'est arrivé ?

ALIX *se levant aussi.*

Not'homme.....

LOUISE *se retirant de table.*

Comme vous êtes pâle, mon Pere !

LOUIS *quittant le dîner.*

Mon cher Oncle !

BLAISE *de même.*

M. Jacques !

BABET *de même.*

Mon Pere !

MATHURIN.

Mon cher fils !.... Dis-moi donc ce qu'tas.

JACQUES.

Bian du chagrin, & bian-tôt vous n's'rez pas pus chanceux qu'moi.... M. d'Belval....

MATHURIN & ALIX.

Eh bian ?

JACQUES.

M. d'Belval.... Not' bon Seigneur.... Je l'pardons.... l'nous quitte.

TOUS.

L'nous quitte.

JACQUES.

I'vend les tarres qu'il a dans l'pays.......

C'Monſieur qu'étoit aveuc li dans ſa chaiſe, eſt ſti-la qu'il les achette.

(*Tout le monde quitte la table & les garçons de ferme l'emportent.*)

MATHURIN.

Et pourquoi qu'i' s'défait d'ſes biens ?.....

JACQUES.

J'l'ignore...... J'ſis monté au Châtiau aveuc li, com' vous ſavez : i'm'a pris à part : » Mon » bon ami Jacques, m'a-t'-i'dit, tu crois que » j'vians ici pour renouveller les baux qu'j'ai » aveuc ta famille, il n'en eſt rian, mon Garçon ; » j'vians, au contraire, pour vendre ſte terre-ci » & s'tella qu'j'ai dans les environs «..... Faut nous quitter, mon ami ; & en m'parlant com'ça, i' m'ſerroit la main, i'me r'gardoit, & j'ſis ſûr qu'i'n'me voyoit pas ; car d'groſſes larmes couliont d'ſes yeux, maugré qu'i' voulût n'pas pleurer..... Vous d'vinez bian que j'n'ons pû li répond'..... J'ſentions mon pauvre cœur qui s'gonfloit, à n'pouvoir pûs t'nir dans ma poitrine..... Enfin, j'ons pû pleurer, c'digne homme a vu mes larmes, les ſiennes en ont redoublé, i'm'a jetté ſes bras autour ed'mon cou..... Il a voulu m'dire queuqu'choſe ; i'ſuffoquoit, & tout d'un coup il s'eſt enfui ; je

fuiš r'venu fans favoir oùs'que j'allais..... Et
me v'là le défefpoir dans l'ame, ni pûs ni moins
que fi j'avions pardu not' pere, not' bon pere;
ce refpectable vieillard que j'aimons tous pûs
qu' nous-mêmes.
(*Il s'appuie fur le bras de Mathurin.*)

MATHURIN.

Vendre fes biens..... faut qu'i' li foit arrivé
queuqu'chofe à Paris..... faut qu'il ait éprouvé
queuqu' malheur.

ALIX.

Mon pere a raifon ; faut qu'i' lui foit arrivé
queuqu' accident à ce cher homme-là.

JACQUES.

M. d'Belval va v'nir aveuc ce M. l'Comte.....
de Dal..... Dalville. l' veut li faire voir fte
farme, ainfi qu'fes dépendances ; tu iras aveuc
eux, not' femme, je n'm'en fens pas l'courage.
Ça m'fait trop d'mal d'voir paffer un bien
comme ftila dans les mains d'un Monfieur....
qui p'têt eft un galant homme auffi, mais qui
n'eft pas ftila qu'j'avons vu naître.

LOUIS, *à Pierre en regardant par la fenêtre.*

Mon pere, j'crois qu'les v'là qui v'nont tous

déux ; oui, c'eft M. d'Belval & gnia un Monfieur aveuc li.

(*Revenant à Jacques.*)

Mais gni auroit-i' pas moyen d'favoir pour
queu fujet tout ça arrive ; là, dans l'moment,
que j'nous y attendons l'moins i.... Si je l'de-
mandions tretous à M. d'Belval, p'têt qui ne
r'fuferoit pas d'nous l'dire.

MATHURIN.

Il a raifon..... J'li demanderons.

PIERRE.

Faudra qu'i nous l'dife.

LOUIS.

Je l'prierons tant.

ALIX.

Ah ! laiffez , laiffez-moi faire..... Je l'ferons
bian parler.

BABET.

Les v'là......

LOUIS.

Oh ! comme j'ons le cœur ferré !

SCENE

SCENE IV.

M. DE BELVAL , LE COMTE, ALIX , JACQUES , MATHURIN, PIERRE , LOUISE , LOUIS , BLAISE , BABET.

M. DE BELVAL.

Bon jour, mes amis..... bon jour, mes chers enfans.

TOUS.

Monseigneur.

LE COMTE.

Mon cher Belval, vous avez-là de petites fer-mières d'une figure charmante.

M. DE BELVAL.

Et aussi sages qu'elles sont jolies.
(*à Louise.*)

Bonjour, ma chère Louise.... Je vous fais compliment sur votre mariage..... vous serez heureuse & vous méritez de l'être.... Votre petit-Cousin est un brave garçon.... Il est bon fils, il sera bon mari.

E

L O U I S E & L O U I S.

Monseigneur!

M. D E B E L V A L.

M. d'Alville , je vous les recommande tous deux.

(*montrant Babet.*)

Ainsi que ma filleule.... Elle sera bien-tôt d'âge à être mariée.

(*à Babet.*)

Mon enfant , je n'oublierai pas que j'ai promis d'assurer ton sort; & je ne souffrirai point qu'on m'ôte le plaisir de faire ton bonheur....

(*à Jacques & à sa famille.*)

Je vends ma terre , mais non pas le droit que vous m'avez donné de vous témoigner toute mon amitié.

B A B E T *en pleurant & voulant retenir ses larmes.*

Monseigneur.... j'vous aimons tant.... pourquoi nous quitter ? gardez vot'bien....Si Monsieur veut un Châtiau , gni en a tout plein aux environs.... on n'li en vendra que d'reste, i'peut ben vous laisser st'ici.

L E C O M T E.

Cette pauvre petite!....Elle est bien intéressante.

M. DE BELVAL *à Babet.*

Tu pleures, ma fille, ma chère Babet.

(*au Comte.*)

J'ai vu naître les Enfans, & les Pères m'ont vu naître.

(*appercevant Mathurin & l'embraffant avec tendreffe.*)

Mathurin, mon bon Mathurin.... te voilà !

MATHURIN.

Oui, Monfeigneur.... J'ons été au-devant de vous: quand j'vous ons vu defcendre de vot'chaife, j'pleurois.... mais c'étoit d'plaifir... Je n'favois pas qu'à ces larmes-là en fuccéderiont qui feriont tant d'mal au pauv'Mathurin.

M. DE BELVAL.

Mon Ami, mon cher Ami, confole-toi....

(*à Jacques & fa famille.*)

Monfieur le Comte eft digne de votre attachement.... Il aime les honnêtes gens, il eft fait pour en être aimé.... Il aura pour vous les égards....

(*à Mathurin, qui continue de pleurer.*)

Mathurin, confole-toi....

(*au Comte.*)

Les larmes de ces bonnes gens me percent le cœur.

LE COMTE.

O mon ami, que vous êtes heureux d'être aimé comme cela !

ALIX.

Aimé !.... Ah Monsieur, vous avez l'air d'un bian honnête homme aussi, vous ; mais vous aurez beau faire , je n'vous aimerons jamais comme M. d'Belval...... c'est impossible.

M. DE BELVAL.

Alix.......

LE COMTE.

Non , mon ami, cet aveu naïf fait leur éloge & le vôtre.

(*à Jacques & sa famille.*)

Mes enfans, vous ne pourrez pas du moins m'empêcher de mettre tout en usage pour mériter votre amitié.

M. DE BELVAL.

Ils m'attendrissent trop , sortons.....

(*à Jacques.*)

Jacques...... Monsieur , voudroit voir l'intérieur de cetteFerme....... Voulez-vous nous conduire ?

LOUIS, *à Jacques.*

D'mandez-li un moment d'entretien en particulier.

JACQUES, *à M. de Belval.*

Monfeigneur, fi c'étoit eun effet d'v'ot' bonté.....

LOUIS.

Si Monfeigneur vouloit bian nous acouter
un moment.......

MATHURIN.

Ma fille & fes enfans iront montrer la Ferme
à M. le Comte..... Il aura bian la bonté d'par-
mettre que j'difions un mot à not' bon Maître.

M. DE BELVAL.

Eh, mes amis, que me voulez-vous ?

LOUIS.

Ne nous r'fufez pas fte grace-là......

ALIX.

En verité, gni auroit confcience.....
(*à M. de Belval.*)
Car fi vous faviez......
(*fe retournant vers le Comte, & lui faifant une petite*
révérence.)
Monfieur, j'vous d'mande bian pardon.
(*à M. de Belval.*)
T'nez, not'amiquié pour vous..... déja

d'abord & d'une, c'eſt comme ſi vous nous tuyez, que d'vouloir nous quitter.

(*au Comte avec une petite révérence.*)

Monſieur, fait bien çe qu'c'eſt qu'd'aimer les gens.

(*à M. de Bcval.*)

Faut vous imaginer que j'vous r'gardons tre-tous comme not'Pere.

LE COMTE.

Ils ont tous le cœur excellent.

(*à M. de Belval.*)

Mon ami, je me joins à eux; ils vous demandent de les entendre, écoutez-les, je vous en prie.

M. DE BELVAL, *au Comte.*

Pardonnez donc, ſi je vous laiſſe ſeul un moment.

JACQUES, *à Alix.*

Ma femme, vas conduire Monſieur.

(*au Comte.*)

Al'connoît tout c'détail-là auſſi-bien qu'moi.

LOUIS, *à Louiſe.*

Vas avec ta mere, ma chere Louiſe.

LOUISE.

Ah ! Louis.

(*elle lui montre M. de Belval, en ayant l'air de le lui recommander avec le plus tendre intérêt.*)

LOUIS.

Je t'entens, je t'entens.

MATHURIN, *à Blaise.*

Vas avec eux Blaise.

(*à Babet.*)

Et toi aussi, ma p'tite Babet.

ALIX, *allant de l'un à l'autre.*

Ah ça, faite ed'vot'mieux.

(*à Pierre.*)

Piarre, je te le r'commande.

(*à Jacques.*)

Mon cher ami, ah comme j't'aimerai si nous reste....

(*à Mathurin.*)

Cher pere.... Il a d'la confiance en vous.

(*à Louis.*)

Louis, tu dis tout ce qu'tu veux.... fais-li entend'raison.

(*au Comte, en lui faisant une petite révérence.*)

Monsieur, j'marche ed'vant vous, pour vous montrer l'chemin.

(*à Babet.*)

V'nez p'tite fille.

(*à Louiſe.*)

Viens ma Louiſe.

(*à M. de Belval.*)

Not'bon Seigneur.

(*elle lui prend les mains & les lui baiſe.*)

Mon Dieu que d'peine.

(*au Comte en lui faiſant encore ſa révérence*).

Monſieur, j'vous d'mande bian pardon.

(ils ſortent.)

SCENE V.

M. DE BELVAL, MATHURIN, JACQUES, PIERRE, LOUIS.

M. DE BELVAL.

EH-BIEN, mes enfans, que me voulez-vous?

JACQUES.

Qu'vous ſoyez pour nous ce qu'vous avez toujours été ; qu'vous nous r'gardiez dans ce moment-ci, moins comme vos Vaſſaux, que comme vos amis. . . . . . Oui vos amis, c'eſt vous qui nous l'avez dit.

MATHURIN.

Avec ſes amis a-t'on d'la réſerve ?

PIERRE.

Es' qu'on leux cache queuqu'choſe ?

LOUIS, *à M. de Belval.*

Ce ſont vos bontés, Monſeigneur, qui nous ont donné l'droit d'vous parler com'ça : n'vous en prenez qu'à vous ſi not'amiquié l'emporte encore ſur l'reſpect qu'nous vous d'vons. . . . . . Vous êtes ſi bon, ſi bienfaiſant. . . . . J'voyons toujours en vous not'pere, & j'n'y voyons jamais not'maître. . . . . N'vous étonnez donc pas ſi j'prenons la licence ed'vous demander pour queu ſujet vous nous quittez. . . . Ce ſont d'z'enfans qu'leux pere abandonne, & qui li criont en pleurant » pourquoi nous quittez- » vous ? «

MATHURIN, JACQUES & PIERRE,
à M. de Belval.

Monſeigneur, pourquoi nous quittez-vous ?

M. DE BELVAL.

Mes enfans, il le faut.

MATHURIN.

Dans queu'qu'endroit que vous alliais , je fais bian q'vous ferez d'z'heureux , j'fais bian qu'on vous bénira ; mais i'n'vous aurons pas vû naître comme nous , gni aura pas quarante ans q'vous s'rez leux bienfaiteur , i'n'vous connoîtront pas comme j'vous connoiffons , i'n'pourront jamais vous aimer comme nous , j'leux en défie , & bonne amitié pour bonne amitié , vous voyais bien que j'méritons la préférence ; puifque j'fommes les premiers en datte.

M. DE BELVAL.

Eh, mon ami , crois-tu , fi je pouvois m'en difpenfer , que je me déferois d'un bien auffi cher à mon cœur , qu'avantageux à ma fortune ? mais la néceffité connoît-elle des loix.

PIERRE.

La néceffité ?... vous êtes riche.

M. DE BELVAL.

Je l'étois.

LOUIS.

Comment, Monfeigneur?

MATHURIN, *à M. de Belval.*

Pardonnez encore une fois à not'importunité ; oubliez ce qu'je fommes au vis - à - vis

d'vous, n'voyez qu'not'cœur. .... Pourquoi?...
queu néceffité vous contraint ?....

M. DE BELVAL.

Un procès que je viens de perdre, a renverfé
toute ma fortune. J'ai des enfans qui ne font
que d'entrer dans le monde, il faut que je
veille à leur avancement, & je ne puis foute-
nir leur état qu'en retranchant abfolument du
mien, en vendant la meilleure partie de mes
biens, & en me retirant dans la petite terre que
j'ai en Bourgogne. Cent mille écus rétranchés
de ma fortune, m'impofent cette loi, dont je
gémis, mais qu'il faut fubir.

LOUIS, *après un petit filence & avec fermeté.*

C'eft vot'terre de Bourgogne qu'il faut vendre; fi all'ne fuffit pas....
*(après un tems, & regardant Pierre, Jacques & Ma-
thurin, comme s'il leur difoit, c'eft à nous de pourvoir
au refte.)*

Mon pere.... Mon oncle.... Cher pere....

JACQUES, *l'embraffant.*

Ah Louis.... mon cher Louis!

MATHURIN.

I'nous ad'viné.

PIERRE.

Tout, tout.... j'donnerois ma vie.

TOUS TROIS.

Monseigneur.

M. DE BELVAL.

Mes amis, que voulez-vous dire?

LOUIS.

J'vous d'vons not'bian, je l'mettons à **vos** pieds.

MATHURIN.

J'n'en pouvons faire un meilleur usage.

JACQUES, *à M. de Belval.*

Not'fortune, not'vie, celle de nos enfans, tout est à vous, tout.

MATHURIN, PIERRE & LOUIS.

Tout, tout, tout.

M. DE BELVAL.

Je respire à peine.... Ce trait est sans exemple.... mes amis, mes enfans.

LOUIS.

Eh-bien, soyez not'pere...... Des enfans n'avons rian à eux.... tout ce qu'il possédont appartient de droit à stila d'qui il'tenons la vie.

M. DE BELVAL.

Que me proposez-vous?... de m'enrichir en détruisant votre fortune!

JACQUES.

Nous vous la d'vons.

M. DE BELVAL.

Elle eſt le fruit de vos travaux.

MATHURIN.

Je n'ſommes rian qu'par vous , d'pis deux cens ans d'pere en fils , j'faiſons valoir les bians d'vot'famille ; nos peres ont ſarvi vos peres , ils ont été enrichis par eux ; l'vôt'augmenta ma fortune , i'n'eût pas d'ceſſe que je n'devinſſe le pûs gros fermier de ce canton ; vous avez pris ſoin d'mes enfans , gnien a pas un qui n'ait eû part à vot'bienfaiſance ; vous étiez heureux , & vous n'vouliez voir que d'z'heureux. Eh-bian , morgué , j'ſuivons vot'exemple ; not'tour eſt v'nu d'faire une bonne action , vous en avez tant fait , Monſeigneur , & ſarpejeu , n'nous diſputez pas l'droit qu'j'avons à celle-ci.

M. DE BELVAL.

Qu'exige-tu de moi , cher Mathurin ?.....: l'humanité t'égare,... moi j'envahirois un bien gagné à la ſueur de ton front , & le fruit de ſoixante ans de travaux ? Que deviendrois-tu, bon vieillard , que deviendrois-tu ?

MATHURIN.

Ils font jeunes, ils m'nourriront, & vous n'nous abandonnerez pas.

M. DE BELVAL.

Tu m'arraches le cœur.

LOUIS.

Non, Monſeigneur, je reſterons toujours à vot'ſarvice ; j'nous r'gardons tretous comme de vot'famille ; nous ſembleroit n'êt pas dans not'pays, s'i'falloit qu'j'appartenions à un aut'Seigneur, j'ſommes riches, vous l'ſavez, & pûs qu'à des payſans n'appartient, à peu de choſe près, je reparerons vot'perte ; j'ons d'z'amis s'i'faut du ſurplus, & j'garderons l'ſecret, n'craignez rien, j'n'ons pas beſoin d'aut'récompenſe, du d'voir dont j'nous acquittons, que l'plaiſir d'l'avoir rempli & d'vous ſavoir heureux.

TOUS QUATRE, *à M. de Belval.*

N'nous r'fuſez pas, Monſeigneur ; n'nous refuſez pas.

M. DE BELVAL.

Mes amis, mes bons, mes vrais amis, les ſeuls que j'aie trouvé dans mon infortune ; je ſens tout le prix de ce que vous voulez faire pour moi ; mais je ne puis me rendre à vos ſol-

licitations, je ne puis accepter vos bienfaits....
non qu'ils me faſſent rougir...... ſi j'ai quelque
vertu je la retrouve en vous ; vous êtes hommes, & nous ſommes égaux..... mais la ſomme
dont j'ai beſoin, & que vous m'offrez eſt ſi
conſidérable, ma fortune eſt à tel point en-
dommagée......

JACQUES.

Si vous n'pouvez pas acquitter ſte dette-là,
prenez, prenez toujours ; vos enfans l'rendront
à nos p'tits enfans...... vos fils penſeront com'
vous, les not's auront tous not' cœur.

M. DE BELVAL.

Je n'en puis plus...... les larmes....... Ah
mes amis !..... quels hommes êtes-vous ?

LOUIS.

D'bonnes gens qui ſentont tout ce qu'vaut
un bon maître.

JACQUES, PIERRE & LOUIS, *en ſe
jettant à genoux.*

Rendez-vous à nos larmes, j'embraſſons vos
genoux.

MATHURIN, *ſe jettant aux pieds de M. de
Belval, mais avec effort & ſoutenu par
Jacques qui le ſeconde en pleurant.*

Rendez-vous, Monſeigneur : rendez-vous à

nos prières ; ayez pitié d'mes cheveux blancs. Encore un jour heureux pour le pauvre Mathurin , Monseigneur ; & que j'vous l'doive. C'eſt p'têt le ſeul qui m'reſte à vivre.

M. D E B E L V A L , *embraſſant Mathurin qu'il veut relever, mais qui s'obſtine à reſter à genoux.*

Ah mon Père ?..... mon bon Père !.... mes amis...... mes enfans......

S C E N E VI. & *derniere.*

JACQUES, MATHURIN, M. DE BELVAL , PIERRE, LOUIS, ALIX , LE COMTE, LOUISE, BABET, BLAISE.

LE C O M T E.

Q U E vois-je ?.... quel ſpectacle !

M. D E B E L V A L , *avec tranſport.*

Vous voyez des Bienfaiteurs aux genoux de celui qu'ils veulent obliger malgré lui. Ah! Monſieur , ils veulent me forcer d'accepter leur fortune pour relever la mienne.

ALIX

ALIX, LOUISE, BABET & BLAISE, *en*
se jettant aux genoux de M. de Belval.

Ah Monseigneur!..... Ah not' Père!........
restez, restez, restez avec nous.

LE COMTE.

Pour relever votre fortune? Quoi la perte de
votre Procès auroit pu l'altérer? C'est la né-
cessité qui vous contraint à me vendre vos ter-
res? Et vous me l'avez caché? Ah Belval! C'est
une injure que vous ne pouvez effacer qu'en
partageant ce que je possède, il est à vous. Gardez vos biens. Je commence à sentir le prix de
ma fortune, puisqu'elle est utile à mon ami.

M. DE BELVAL.

Ah d'Alville!

LOUIS, *au Comte.*

Eh Monsieur, n'nous privez pas du bonheur
de sarvir not' Maître.

JACQUES.

I'cédoit à nos larmes.

PIERRE.

I's'rendoit à nos prières.

TOUS LES PAYSANS *toujours a*
genoux, & tendant les bras vers M. de Belval.

La préférence...... la préférence....... j'la
demandons; alle nous est due.

F

MATHURIN.

Alle nous est due..... Vous fûtes not' Bian-
faiteur........ J'vous d'vons tout, & j'acquittons not' dette.

M. DE BELVAL, *l'embrassant.*

Tout ce que vous pourrez faire pour moi,
sans déranger votre fortune, je l'accepte, &
d'aussi bon cœur que vous me l'offrez; d'Alville, vous suppléerez au reste, & de tous côtés
l'amitié la plus étonnante aura fait mon bonheur.

LES PAYSANS, *baisant tour-à-tour*
ses mains & celles du Comte.

Ah not' Maître, not' bon Maître!........
Monsieur, ah, Monsieur!

LE COMTE.

O mon cher Belval!

ALIX.

Me v'là riche à jamais.

MATHURIN.

V'là l'plus biau jour de ma vie.
(*au Comte.*)

Je n'm'étonne pas si vous aimez not' bon
Seigneur! Il est digne de vous, vous êtes digne
de lui.

LE COMTE.

Mes enfans, vous n'avez pas voulu m'appar-
tenir, & vous aviez raison : mais je vous ai du
moins une obligation : vous m'apprenez que
qui mérite d'être aimé, est sûr de trouver des
amis.

M. DE BELVAL.

Jacques, tu partiras demain avec moi ; nous
passerons chez mon Notaire, & un Acte......

JACQUES.

Un Acte !

LOUIS.

Point d'Acte.

MATHURIN.

Point d'Ecrit.
(*à M. de Belval.*)

Aveuc un homme comme vous, la parole.

M. DE BELVAL.

Bon Mathurin, je ferai ce que je dois faire....
Ce n'est ni pour vous, ni pour moi ; mais tous
les hommes ne se ressemblent pas.

PIERRE.

Monseigneur, v'là deux jeunes gens qui s'ma-
riont d'main...... Pour leux porter bonheur,
si vous vouliez signer à leux contrat....... Le

nom d'un brave homme comme vous n'peut qu'faire profpérer un Mariage.

M. DE BELVAL.

Si je fignerai le Contrat de Louife & de votre fils, mon cher Pierre?..... avec grand plaifir, & je me prie du feftin.

BABET.

Monfeigneur, fi je m'marie l'année prochaine, danferez-vous à mes noces?

ALIX, *à M. de Belval.*

Mais voyez donc c't'étourdie.

M. DE BELVAL, *à Babet.*

Oui, ma petite Babet; oui, mon enfant.
(*à Alix.*)

Ma chère Alix, elle a bientôt quatorze ans, & je m'apperçois qu'elle ne déplaît pas au petit Blaife. S'il eft fage & qu'il vous convienne, l'année prochaine nous pourrions.....

BLAISE.

Oh pour moi, Monfeigneur, je n'd'mande pas mieux.

ALIX.

Si ça fait plaifir à Monfeigneur, certainement je ne nous y refuferons pas.

M. DE BELVAL.

Allons, mes amis, allons tous au Château, célébrer ce jour où je vous dois. tout. Il est le plus beau de ma vie, & toujours il restera gravé là. (*Il met la main sur son cœur.*)

CHŒUR *Dialogué.*

MATHURIN.

Adieu, chagrin, adieu tristesse ;
J'n'en aurons plus ; j'sommes tous contens ;
Vous v'nez d'céder à not'tendresse,
Vous nous restez, quels doux momens !
(*avec attendrissement.*)
Ah si ma joie osoit paroître.
(*Il lève les bras avec amour & respect vers M. de Belval qui le serre dans les siens & l'embrasse.*)
Que de bontés ! j'pleurons, mais c'est d'plaisir.
Comment pourrons-je assez chérir,
Un si brav'homme, un si bon Maître ?

TOUS.

Adieu chagrin, &c.

M. DE BELVAL.

Je vous dois tout, & j'en fais gloire ;
Oui, j'ai trouvé de vrais Amis.

LE COMTE.

Ce trait généreux dans l'Histoire,
Mérite un jour d'être transmis.

M. DE BELVAL.

J'éprouve un fort digne d'envie.

LE COMTE.

Vous imiter eft mon défir.

M. DE BELVAL et LE COMTE.

D'un tel bienfait toute la vie,
Je garderai le fouvenir.

LOUIS, *à Louife.*

Tu ne feras jamais volage,
Ton feul regard vaut un ferment.

LOUISE.

Et mêm'après not'mariage,
Louis encore fera conftant.

BABET, *à Blaife.*

Mon Amant,
C'eft dans un An......

BLAISE.

Et moins p't'être.

BABET.

Qu'j'aurons not'tour.

BLAISE.

Que j'f'rons comm'eux.

BABET.

Pour être heureux.

TOUS.

Ah que le cœur eft un grand Maître!

PIERRE, *s'adreffant au Parterre avec emphafe,*
après avoir avancé un pas.

Meffieurs, j'ofons.....

ALIX, *l'interrompant.*

C'n'eft pas pour me vanter;
Mais entre nous, je gage,
Qu'on dira tout c'que l'on voudra,
Je n'me fervirai point de tant de verbiage,
Moi, j'vais au but toujours & j'dis c'eft ça, c'eft ça.
C'eft que d'abord, Meffieurs, je n'vous déguifons rien:
Vous plaire eft c'que j'voulons j'en cherchons le moyen:
Ons-je réuffi? faites-nous l'connoître,
Et dans nos cœurs, l'plaifir va naître;
Car fi queuqu'fois je faifons bien,
C'eft qu'vous avez été not'Maître.

TOUS.

Vous plaire eft c'que j'voulons, j'en cherchons le moyen.
Ons-je réuffi? faites-nous l'connoître,
Et dans nos cœurs l'plaifir va naître;
Car fi queuqu'fois je faifons bien,
C'eft qu'vous avez été not'Maître.

APPROBATION.

J'ai lu par ordre de Monsieur le Lieutenant-Général de Police : *Les Trois Fermiers*, Comédie mêlée d'Ariettes, & je n'y ai rien trouvé qui m'ait paru devoir en empêcher la représentation & l'impression. A Paris, le 21 Mai 1777.

SUARD.

Vu l'Approbation permis d'imprimer & représenter, ce 22 Mai 1777.

LE NOIR.

De l'Imprimerie de CLOUSIER, 1777.

www.ingramcontent.com/pod-product-compliance
Lightning Source LLC
LaVergne TN
LVHW021455170726
843501LV00005B/1680